DESNUDA OFRENDA
NAKED OFFERING

POESÍA / POETRY

VIELKA SOLANO

DESNUDA OFRENDA
NAKED OFFERING

POESÍA / POETRY

VIELKA SOLANO

Serie Sentimiento #13

Editorial Orbis Press
P.O. Box 1273
Turlock, California 95381 U.S.A.
Tel. (602) 625-3311

editor@orbispress.com

WWW.ORBISPRESS.COM

DESNUDA OFRENDA / NAKED OFFERING

Vielka Solano

ISBN (10): 1-931139-80-6
ISBN (13): 978-1-931139-80-9
© 2019 Copyright by Vielka Solano /
© 2019 Copyright by *Editorial Orbis Press*

Primera Edición, 2019. *Serie Sentimiento #13*

www.orbispress.com

❧ Edición y revisión general de la Dra. Carmen Holguín Chaparro

❧ Traducción del español al inglés de Ana María Magallón Quiroz

❧ Concepto y diseño de la portada Alejandra Torres García

❧ Diseño de interiores Hansen Wannam y departamento de arte de *Editorial Orbiss Press*

A manera de agradecimiento:

Aquí estoy presentándoles mi poemario, reflejo en cada uno de sus versos un tanto de la médica, poeta y loca mujer que soy.

Estoy inmensamente agradecida con este universo que me acoge a pesar de mis complejidades y simplezas, permitiéndome vivir esta existencia humana temporaria mientras voy dejando huellas en él.

A mis hijos Anrae, Viel, Colby, por ser la extensión de esta vida y porque a pesar de ser únicos, hermosos y extraordinarios, abrazan a la madre en sus locuras y arrebatos y la aman, a ustedes gracias por existir.

A mis hermanas y hermanos que se hacen dueños de mis risas y mis bailes y mis penas, gracias por ese abrazo continuo que se alarga aún en la distancia del aquí y del más allá.

A mis amigas y amigos, las hermanas y hermanos que me obsequia el universo para acompañarme durante este caminar, haciéndolo placentero, vivible y más humano.

A los amores, los que llegaron, cumplieron su cometido y continuaron su ruta, a los que llegan, permanecen y hacen que la poesía viva, fluya y dance en cada célula de mis células.

A Carmen Julia, por su paciencia, cuidado, humildad y delicadeza revisando mis poemas y compartiendo su tiempo, experiencia y conocimientos para hacer posible que este poemario salga y vea la luz.

A Alejandra, por su sensibilidad artística cuando captura con sus vibraciones a la poeta, diseñando una portada que no sólo en el color me identifica, sino también en su más profunda esencia y definición, gracias.

A Ana María por su ayuda concretando la traducción sin perder mi voz ni mi pasión.

Y a tí, que tomas este libro en tus manos, por el atrevimiento y por no tenerle miedo a las palabras que vienen desde el alma y desde el cuerpo.

Espero que disfruten todas y cada una de ellas, así como yo he disfrutado escribiéndolas. Aquí me presento ante ustedes desnuda y les entrego ésta, mi ofrenda.

Vielka

As a thank you:

*H*ere I present to you my collection of poems, reflecting in each of these verses somewhat of the doctor, the poet, and the crazy woman that I am.

I am immensely grateful with this universe that welcomes me in my complexities and simplicities, allowing me to live this temporary, human existence and leave my footprints in it.

To my children -- Anrae, Viel, Colby -- an extension of my life, because despite being unique, beautiful, and extraordinary beings, they embrace their mother in her insanity and outbursts, and they love her – to you, thank you for existing.

To my brothers and sisters that became the owners of my smiles and my dances and my sorrows, thank you for this continuous embrace that stretches in the distance here and in the other world.

To my friends, the brothers and sisters that the universe has gifted to accompany me during this walk, making it more delectable, livable, and more human.

To the loves, the ones that arrived, fulfilled their purpose and continued on their path; the ones that come, remain, and make poetry come alive, fluid, and dance in every cell of my cells.

To Carmen Julia, for her patience, care, humbleness and delicacy revising my poems and sharing her time, experience, and knowledge to make this book possible, and that they see the light.

To Alejandra, for her artistic sensibility when she captures with her vibrations the poet, designing a cover art that not only identifies me with the color but in its essence and definition -- thank you.

To Ana Maria for her help finishing up the translations without losing my voice nor my passion.

And to you, who takes this book in your hands, for daring and for not being afraid of the words that come from the soul and the body.

I hope that you enjoy each and every single one of them like I enjoyed writing them. Here I present myself to you, naked, and present you this, my offering.

Vielka

ÍNDICE

ÍNDICE

ÍNDEX

ÍNDEX

A manera de introducción

Nunca más apropiado un título que el de este libro, *Desnuda ofrenda*, en armonía perfecta con las ideas, las emociones y los sentimientos que su autora, Vielka Solano, ha vertido en cada uno de los cuarenta y tres poemas que lo conforman, volcándose ella misma en todo lo que es.

Mientras un poeta tiene todo el permiso de crear voces y realidades que no sean las propias, Vielka es toda ella en cada una de las líneas de estos textos que lanza al mundo con una urgencia que brota de su interior más genuino y clama sobre la realidad que vive y que la afecta, la mueve, la enoja y la hace reaccionar, porque la indiferencia, para esta artista, en ningún caso es una opción.

Pero no se engañe el afortunado lector que se adentre en las páginas de *Desnuda ofrenda*, no está ante un libro biográfico que le conteste ¿dónde nació la poeta? ¿cuántos años tiene? ¿cuántas veces se ha casado? ¿dónde vive?, en cambio, está, quizá sí, ante un poemario ecográfico que permite ver el interior cálido de un cuerpo tremendamente despierto y sensitivo, su sangre caribeña y reaccionaria, su corazón apasionado y tierno, sus pulmones fuertes y decididos que la muestran toda grito, toda sensualidad, toda ritmo.

Así pues, entre las páginas de este texto bilingüe encontramos una variedad de temas que de tan personales son al tiempo profundamente humanos, sociales, entre ellos: el amor, la sensualidad y la sexualidad, la libertad feminista, el flagelo machista, el caos del mundo, las injusticias sociales, la naturaleza y el poderoso yo, dejándose ver y oír a través de las líneas visuales y sonoras que pueblan este texto ofrecido generosamente en español e inglés, las dos lenguas, la materna y la adoptada, en las que la autora se mueve y se define.

Desnuda ofrenda se nos entrega una voz contundente, crítica sin miedo a exponer sus protestas; sensual sin temor ni pudor alguno, abierta y libre como pocas, que se nos ofrenda con un corazón guerrero que nos da la bienvenida en sus versos vitales, para leerse incluso de mañana, "buenos días", al roce de un lucerito o en cualquier momento porque la magia de sus palabras no desaparece nunca.

Una voz tan tierna como demandante que nos ofrece un compuesto para la soledad, un conjuro de amor; que nos regala mucho más que 27 minutos y medio de sonrisas, nostalgia, recuerdos, imaginación; que le gusta despertar en sábanas rosadas, voluptuosas, luego de sueños llenos de humedad, ¡Oleee!; que a veces se siente blue and sexy y se abraza a su posesión más valiosa, su fiel Óscar, árbol aliado, testigo de todos sus secretos, que protege el jardín de su casa.

Sin embargo, esta voz bajocero, que le advierte a Emily, como a una hija, como a una amiga, del complicado rol que le toca vivir a una mujer ahora mismo y firme dice "Puedo" sin escudarse ante un "Anónimo", también nos interpela, nos cuestiona más allá del reclamo; nos cuenta lo que ha encontrado en su camino, nos muestra los cadáveres con los que es fácil tropezarse y que a veces preferimos ignorar; nos habla de la orfandad, de nuestras oportunidades en extinción, nos pone de frente a toda una partitura de falos en mierda mayor (bullshit), que a veces la hacen sentir en soledad, acorralada, asustada, vivamuerta. Y también, pensando un poco, nos hace entrar con ella en la conciencia de lo que pasa en nuestro propio interior y nuestro exterior tan expuesto a una sociedad donde, definitivamente, no todo es fiesta.

Todo lo dicho es una experiencia de lectura, la mía, que solo se puede sentir vívidamente con la lectura propia de cada invitado que acepte participar de esta celebración que es *Desnuda ofrenda*. El único requisito para disfrutar de la aventura es que todas las personas entren también desnudas y entregadas a los poemas estremecedores de Vielka Solano.

Carmen Julia Holguín Chaparro

Mayo 2019

Introduction

Never more appropriate a title than the one of this book, *Naked Offering*, in perfect harmony with the ideas, the emotions, and the sentiments its author, Vielka Solano, has poured into each and every one of the forty-three poems that make it up, pouring herself into everything that is.

While the poet has all the right to create voices and realities that are not of their own, Vielka is all herself in each of the lines of her text that send the world in an urgency that sprouts from its most genuine interior and claims the reality that she lives and that affects her, moves her, angers her, and makes her react, because the indifference, for this artist, is in no case an option.

But do not be fooled fortunate reader that enters the pages of *Naked Offering*, you are not before a biographic book that answers: Where was the poet born? How old is she? How many times has she married? Where does she live? You are rather before an orographic collection of poems that allow you to see the warm interior of a tremendously awake and sensitive body, its Caribbean and reactionary blood, tender and passionate heart, its lungs strong and determined that show she is all power, all sensuality, all rhythm.

Thus, between the pages of this bilingual text we find a variety of themes that are so powerful they are at the same time so profoundly human, social, including: love, sensuality and sexuality, feminist liberty, the machista scourge , the chaos of the world, social injustices, nature and the powerful self, letting herself be seen and heard through the visual and sonorous lines that populate this text generously offered in Spanish and English, both languages, the maternal and adopted, in which the author moves and defines herself.

Naked Offering gives us a blunt voice, critical without fear of exposing her "Protest"s; sensual without fear or shame, open and free like few, an "Offering" with a "Warrior Heart" what gives us a "Welcome" in its vital verses, to be read even In the Morning, "Good Morning", At the Brush of a "Little Star" in whatever moment because the "Magic" of her words never disappears.

A voice as tender as demanding that offers us a "Compound for Loneliness", a "Love Spell"; that gifts us more than "Twenty-Seven and a Half Minutes" of "Smiles", "Nostalgia", "Memories", "Imagination"; that loves to wake up "On Pink Sheets", "Voluptuous", after dreams filled with "Dampness", "Ooole!"; that sometimes is "Feeling Blue and Sexy" and holds on to her most precious "Posession", her loyal Oscar, her beloved tree, witness to all of her secrets and that protects the garden in her home.

Nonetheless, this voice, "Below Zero", that warns "Emily", like a daughter, like a friend, of the complicated role of being a woman these days and firmly says "I Can" without shielding from an "Anonymous", also interpellates, questions us "Beyond the Complaint"; tells us about what she has found "On (Her) Path", shows us the "Cadavers" with which it is easy to stumble and that we sometimes prefer to ignore; speaks to us "Of Orphanhood", of our opportunities "In Extinction"; faces us against a whole bunch of "Phallus Score in Shit Major" ("Bullshit"), that sometimes make her feel in "Solitude", "Cornered", "Frightened", "Deadalive". In addition, "Thinking a Bit", makes us enter alongside her into the conscience of what happens in our interior and our exterior so exposed to a society where everything is definitively not a "Party".

Everything just said is an experience in reading, mine, which can only be felt vividly with each guest invited that decides to participate in this celebration of *Naked Offering*. The only requisite to enjoy the adventure is that all the people also enter naked and give themselves to the shuddering poems of Vielka Solano.

Carmen Julia Holguín Chaparro

Mayo 2019

DESNUDA OFRENDA

NAKED OFFERING

Desnuda

Me gusta andar desnuda por el mundo
salvo quizás por las palabras
sin dolor cubriéndome la piel
mis tentadores volcanes en el medio al frente
orgullosos
mis tripas rugientes ahogadas en merlot

Sin Calvin Klein Victoria Jacob Versase o Lauren
Sin tejidos caprichosos cubriendo mi vientre
mis piernas
mis hebras rebeldes

Sin las palmeras de artificios carcomidos
en mentes infectadas de malicia
cubriendo mis nalgas o mi sexo

Desnuda
recorrer el patio del ensueño
dejando que las gardenias me abracen
mientras Óscar se sonríe pícaro
y deja que el viento descarado
le mueva las ramas

Sentarme en el medio del verde manjar
y tocarme los muslos
con la yerba silvestre que provoca mis ganas
y me lleva al diluvio
    Desnuda
  Me encanta

Desnuda

Saborear los suspiros de olores
revueltos en la cocina

la alegría que me alcanza resbalando
por mi lengua insaciable

Des   nu   da

Masturbar el deseo entre el calor de julio
o el frío de enero
Dejar que se cuelguen las cicatrices
de mi cuerpo liberado
sin importar la mirada mal puesta
el pensamiento podrido o el deseo infectado
la malla de artimañas
los discursos sin sentido

Y qué coño
                   me gusta
andar desnuda por el mundo
sin la necesidad del vestido
para guiar mis pasos
o la aceptada sonrisa aprobándome
y que digan que soy putatrevidaloca
que está de venta la carne
me encanta   andar desnuda

Y qué coño

y qué

Naked

I like to go naked around the world
except maybe by the words
without pain covering my skin
my tempting volcanoes in the middle forefront
prideful
my roaring intestines drowned in merlot

Without Calvin Klein Victoria Jacob Versace or Lauren
Without capricious fabric covering my womb
my legs
my rebellious locks

Without palm trees of eaten up tricks
in minds infected with malice
covering my ass or my sex

Naked
Running through the patio of the dream
letting the gardenias embrace me
while Oscar smiles rascally
and allows the shameless wind
to move his branches

Sit in the middle of the green feast
and touch my thighs
with the wild grass that rouses my yearnings
and takes me to the flood
                              Naked
        I love it

Naked

taste the sighs of the smells
mixed in the kitchen

19

the joy that reaches me slipping
through my insaciable tongue

Nak   ed

Masturbating the desire in the heat of July
or in the cold of January
Allowing the scars to hang from my
liberated body
without worrying about the dirty look
in the rotted thought or the infected desire
the net of schemes
the nonsense speeches

y qué coño
            I like
to walk naked in the world
without the necessity of a dress
to guide my steps
or the accepting smile approving of me
        and let them say I am a daringcrazybitch
that the flesh is for sale
            I love being naked

Y qué coño

so what

Tu magia

Juegan los granitos edulcorantes en tu lengua
alcanzan el desierto del canal
despoblado de mi oído
y se colocan como jilgueros
simétricos y exactos

Borbotea una timidez de luna
en el entreabierto sonreír de tus ojos
que se alzan como leones o elefantes
en el patio de mi historia
y el suspiro que habita la mitad de mi vida
al final del precipicio
me hace mermelada la estancia

Sonrojando planicies y montes
con palabras maestras que juegan
entre la barra de cotidianidad que lastima
tu lengua levanta consignas a los dioses
derrama secretos húmedos
y me hace corretear al colibrí
que vuela en mi patio

     Y de pronto soy
ya no sé si azúcar dulce
de leche o miel de abeja
si piel de maíz
guayaba
o piel de alma

Cuando llega tu magia divina
y me hace suya
grito al viento
invoco a las lechuzas
danzo tempestades
para encontrar el hechizo
y que ya no te vayas

21

Your Magic

The sugary grains play on your tongue
they reach the desert of the canal
uninhabited of my ear
and they place themselves like goldfinches
symmetrical and exact

A moonlike timidity simmers
in the squinting smile of your eyes
that rise up like lions or elephants
in the patio of my story
and the sigh that inhabits half of my life
at the end of the cliff
turns into marmalade my stay

Blushing plains and hills
with mastery words that play
in between the bar of routine that hurts
your tongue lifts slogans to the gods
it spills wet secrets
and it makes me chase after the hummingbird
that flies in my patio

        And suddenly I am
I do not know if of sweet sugar
of milk or of honey
if skin of corn
guava
or skin of soul

When your divine magic arrives
and makes me yours
I cry onto the wind
I call upon the owls
I dance up storms
to find the spell
and that you don't leave

Conjuro de amor

Piedras enterradas sin rasgos
Taladro dulce que traspasa corazones alados

Invoco la lluvia de estrellas que acarician
el semblante muerto de esta angustia

Hago mis oraciones ante la cargada lumbrera
del crucifijo de cara asustada en las alturas

Invoco dioses interplanetarios
dioses mortales e inmortales
dioses de seda y de morroña
dioses de terciopelo
y dioses de savia

Clamo desde el judaísmo
el cristianismo
el protestantismo o el evangelismo
el islamismo o la fe bahá'í

Invoco en este presente
atascado en el umbral del pedrerío
que empaqueta el desamor
donde resbalan flores desveladas
cubiertas de asfalto moribundo

Pido a Jubal
a Tláloc
a Asa
a Kan
a Anansi
a los ocho inmortales chinos
a Venus
a Yemayá y su mágica osadía
resguardada en cinturón de almas vivas

a Hathor
a Babalú ayé
de corazón congelado en espuma
y sueños mágicos

Invoco a las deidades mayas
egipcias
chinas
hindúes
griegas

Demando a Neptuno para que
en cuentos y algarabía
revoque los mares llevándome
a tu encuentro

Invoco a las Nereidas
para que me lancen en cometa
a atravesar océanos
y alcanzar la esencia de tu abrazo

Invoco
Llamo
Reclamo
Suplico   tu rostro
bienamado
tu cuerpo
perfumado de azares
o copal
fruta del Edén
manjar que no lastima
rueda inmortal de fuego
pecado
salvación
pequeña muerte
        de vida e t e r n a

24

Love Spell

S tones buried without trace
Sweet drill that trespasses winged hearts

I invoke the rain of stars that caress
the dead demeanor of this anguish

I say my prayers before the strong luminary
of the crucifix of fearful face in the heavens

I invoke interplanetary gods
gods of mortals and immortals
gods of silk and morroña
gods of velvet
and gods of wisdom

I cry out from Judaism
Christianism
Protestantism or Evangelicalism
Islamism or Bahá'í Faith

I invoke in this present
bogged down in the threshold of this lot of stones
that package the indifference
where sleep deprived flowers
covered with dying asphalt slide

I plead Jubal
Tlaloc
Asa
Kan
Anansi
The eights immortal asians
Venus
Yemaya and her magical audacity
hidden away in the belt of live souls
Hathor

Babalu aye
of frozen heart in suds
and magical dreams

I invoke the Mayan deities
Egyptian
Chinese
Hindu
Greek

I demand Neptune that he
plaster the seas
in stories and commotion
taking me
to your encounter

I invoke nereid
so they will send me in a comet
to cross the oceans
and reach the essence of your embrace

I invoke
      I call
            I demand
I plead your beloved
face
your body
      perfumed with fate
      or copal
fruit of Eden
feast that does not harm
immortal circle of fire
sin
salvation
minute death
      Of e t e r n a l life

Compuesto para la soledad

Forma completa y sin derivados

Tómame en la mañana
en la tarde y en la noche
Calmaré tu ansiedad
y el nerviosismo
que camina en tus ojos

Puedes absorberme
sin lágrimas ni tormentas
pero considera
la contraindicación cardíaca

Tómame como agua bendita
me diluyo rápidamente
y puedo interaccionar con tus piernas
y tus labios

Es preferible que me bebas
con jugo fresco
de frutas tropicales

Tómame como ángel o demonio
pero hazlo con cuidado
poseo vida larga y
puedo metabolizarme en tu cuello
o en tu corazón

No te olvides
de las contraindicaciones generales
puedo acumularme
en cada poro de tu piel
causarte alucinaciones
dejarte ciega

sorda
fatigarte

De verdad
tómame
pero ten mucho cuidado
puedo alcanzar concentraciones
tóxicas
que se incrementan
en las mañanas solitarias

A Compound for Loneliness

Complete formula without derivatives

Drink me in the morning
in the afternoon and night
I will calm the anxiety
and nervousness
that walks in your eyes

You can absorb me
without tears nor storms
but take into consideration
the cardiac contraindication

Drink me like holy water
I dilute quickly
and I can interact with your legs
and your lips

It's preferable that you drink me
with fresh juice
made of tropical fruits

Drink me like an angel or a demon
but do it with caution
I possess a long life and
I can metabolize myself on your neck
or your heart

Don't forget
about the general contraindications
I can accumulate
on every pore of your skin
cause you hallucinations
leave you blind

deaf
fatigue you

Really
        drink me
but be very careful
I can reach toxic
        concentrations
that increase
on solitary mornings

Sonrisas

Siento llover versos en tu pelo negro
mientras acaricio tu espalda
Quiero sembrarte rascacielos en los ojos
mientras murmuro soledades
Deseo tomarte los dedos
cultivando guayabas y lechosas
mientras la música de Vicente Fernández
llega a tu oído
            amor

            Encontrarme
        Encontrarte
en las calles y avenidas que ríen
en la limpia mañana del Zócalo
en medio del Señor del Veneno
en la historia de las lágrimas
de monolíticos y recursos de letras
en tortillitas de maíz y sangre
en civilizaciones ocultas
de luto enterradas
        Cariño mío

Smiles

I feel it rain verses in your black hair
while I caress your back
I want to plant skyscrapers in your eyes
while I murmur of loneliness
I desire to take your fingers
cultivating guavas and papayas
while the music of Vicente Fernandez
reaches your ear
                love

                Finding myself
        Finding you
in the streets and the avenues that laugh
in the clean morning of the Zócalo
in the middle of the the Lord of the Poison
in the story of tears
of monolithic and literary resources
in tortillas of corn and blood
in occult civilizations
buried in mourning
        My love

Lucerito

Nace entre la muerte
avellana abierta con la boca cerrada

Viene
con la sonrisa triste

Llega
a este legado solitario de sueños
a estas noches sin abrazo

Dibuja
pegasos en mi espalda
palabritas en mi nuca
mariposas en mis piernas

Reposa
jugando sobre mi vientre
me hace cosquillas con su aliento
en el bostezo de la madrugada

Me toma
rompiendo la quietud
a gritos de mujer poseída

Deja
que salgan al trote los sueños saltarines
y que cabalguen hasta el pico de mis montes

Me baña
con sus mieles cálidas
y el sudor bendito que baja
vigoroso en cascada salvaje

Me llena
del perfume silvestre que trashuma
mientras nuestras aguas se entrelazan
y siento como nace la muerte

Little star

Born in the midst of death
open hazelnut with a closed mouth

It comes
with a sad smile

It arrives
to this solitary legacy of dreams
to these nights without embrace

It draws
pegasus on my back
tiny words on my neck
butterflies on my legs

It rests
playing on my womb
it tickles me with its breath
in the yawn of the early morning

It takes me
breaking the stillness
in cries of a possessed woman

It allows
the jumping dreams to come out trotting
and lets them gallop to the peak of my hills

It bathes me
with its warm honeys
the blessed sweat that falls
vigorously in a savage cascade

It fills me
with wild perfume that migrates
while our waters interweave
and I feel how death is born

34

Soledad

L evántame la falda
y rompe los largos meses de sequía

Quiebra el hielo oscuro que cubre
el sendero de mis muslos

Tira la pared que emparedó mis senos
No te detengas

Arrópame las ansias
Cobíjate con mis labios que prometen lluvias
Báñate en los manantiales de mi lengua
Sumérgete en mis ríos
en mis fuentes
en mis cascadas
en mis riachuelos
que soy toda agua

No titubees a la entrada
de este atardecer de mar caribeño
que desde hace tanto te espera
sin pez azul dorado
sin mangos sin lechosas sin guayabas
sin palabras de lujo
sin armamentos oxidados

Hazme sonreír de nuevo
Recárgate en mis hombros desolados
Muerde con tus dientes de seda
mi vientre
por donde pasea tu risa de amatista

Bebe lo salado de mis ojos tristes
y lo dulce de mis inquietas nalgas negras

35

Juega con tus dedos sobre este latido
de fuego que congela la brisa

Abrázate al sudor de mis curvas maduras

    Ven

Levántame la falda

Solitude

L ift up my skirt
And rip the long months of drought

Break the dark ice that covers
the path of my thighs

Throw down the wall that confined my breasts
Do not stop

Cover my yearnings
Cover yourself with my lips that promise rains
Bathe in the springs of my tongue
Submerge yourself in my rivers
in my fountains
in my cascades
in my streams
that I am all water

Don't hesitate at the entrance
of this sunset of Caribbean Sea
that has awaited you since so long ago
without a blue golden fish
without mangos without papayas without guavas
without luxurious words
without rusted weapons

Make me smile again
rest upon my desolate shoulders
bite with your silky teeth
my belly
where your amethyst laughter takes a stroll

Drink the saltiness of my sad eyes
and the sweetness of my restless nalgas negras

Play with your fingers over this heartbeat
of fire that freezes the breeze

Embrace yourself to the sweat of my ripe curves

       Come

Lift up my skirt

Imaginación

La puerta sostenía
tu silueta
que se adelgazaba
y parecía querer tocarme
Brillaba tu sonrisa

Entrecerrados
medio abiertos
mis ojos te contemplaban

Tú perspirabas
¿imaginabas?
un futuro

Yo respiraba a tu compás
extendiendo la sombra
tu calculada figura
hasta mi almohada

Tomé tu presencia
en ese instante
y mi cuerpo respondió
como pan listo para la mesa

Me arropaste

El calor derretía
los impulsos eléctricos
la imperfecta sospecha
del amor prestado

39

Imagination

The door sustained
your silhouette
that slimmed down
and it seemed as it if wanted to touch me
Your smile shined

My eyes squinting
half open
contemplated you

You were perspiring
did you imagine?
a future

I was breathing at your rhythm
extending the shadow
your calculated figure
all the way to my pillow

I took your presence
at that instant
and my body responded
like bread ready for the table

You clothed me

The heat was melting
the electric impulses
the imperfect suspicion
of borrowed love

Vivamuerta

Toma la palabra
sin letras
que te grito con mis ojos

Enciende con tu antorcha la luz
que adivinan mis pezones

Trae el sol bañado de estrellas
negras hasta mi espalda
Tienes una timidez entre comillas
y el rostro húmedo en este desierto de roces
en este silencio que nos ahoga

Toma la palabra
sin sonidos
que resbala de mi lengua

Apodérate de mis jugos y esos momentos
tristes de mi atardecer

Descifra el fantasma entre mis piernas
El agua que me baña
quema
el fuego que emana de mis poros
y que deambula en mi cintura
hiela

Bebe las dulces lágrimas que arrastras
Ven
descansa en mi lecho

Cabalga la inocencia en este cadáver de ternura
teje palabras sin letras

41

con las hebras de esta angustia
      muertaviva sin alma
desposeída
sin abrazos

Revíveme
con tus largos dedos
en mi féretro

Deadalive

Take the word
 without letters
that I shout at you with my eyes

Ignite with your torch the light
that my nipples anticipate

Bring the sun bathed in black
stars all the way to my back
You have a shyness in between quotes
and your face humid in this dessert of caresses
in this silence that drowns us

Take the word
without sounds
that slides through my tongue

Take possession of my juices and those sad
moments of my sunset

Decode the ghost between my legs
The water that bathes me
burns
the fire that emanates from my pores
and that wanders on my waist
freezes

Drink the sweet tears that you drag
Come
rest on my bed

Ride the innocence on this cadaver of tenderness
weave words without letters

43

with the strands of this anguish
             deadalive without a soul
dispossessed
without hugs

Revive me
with your long fingers
     on my coffin

Nostalgia

Viajo en nubes transparentes
   colgada de los ángeles
donde los vientos helados de los dioses
congelan mi regazo

Antes de ponerme el semblante gris
me nacen las gardenias
y me crecen ásperos los arrebatos
de matizado embrujo

Unos instantes luminosos
llenos de algarabía
recogen los pedazos de una historia
y me guardan entre ellos

Aquí estoy
en espera
con villancicos y colores fuertes
azul herido rojo en fiera

Aquí con las aguas saladas
con las aguas dulces
frías
tibias
calientes
y esta distancia

Las estrellas se confunden
con la definición de mujer entre mis piernas
en la tarde vacilante
entre mercancías y compromisos

Aquí estoy
y un sentimiento de tierra revienta mis costillas
y esta nostalgia que corre
salta y vuela por las nubes
transparentes de mi carne

Nostalgia

I travel on transparent clouds
hanging on angels
where the frozen winds of the gods
freeze my breasts

Before I put on the gray look
my gardenias grow
and the rough outburst
of nuance spells grow in me

A few gleaming instants
full of rejoicing
pick up the pieces of a story
and keep me among them

Here I am
awaiting
with carols and strong colors
wounded blue fiery red

Here with salty waters
with the sweet waters
cold
lukewarm
hot
and this distance

The stars are confused
with the definition of women between my legs
in the unsteady afternoon
in between merchandise and commitments

Here I am
a feeling of earth breaks my ribs
and this nostalgia that runs
leaps and flies through transparent clouds
of my flesh

Bajocero

E stoy despierta
    adentro

Repaso inanimados retazos
de memoria

Los segundos corretean
los minutos no alcanzados
Las horas se recogen
        expectantes

Mediodías
mediastardes
medianoches
Inhóspitas semanas sin fin
Meses congelados
que se alargan en años
en décadas de guerra
que por siglos se revuelcan
de agonía

Afuera
la ciudad en el balbuceo tibio
de una búsqueda
que quiere pasar inadvertida
como una isla solitaria
un continente en suspenso
un planeta sin descanso
un mundo mudo
entre constelaciones
que alcanzan
a parir latitudes nuevas
en una nueva escala
bajocero

Below zero

I am awake
     Inside

I review inanimate fragments
of my memory

The seconds chase after
the unreached minutes
The hours gather themselves
      expectantly

Halfdays
halfafternoons
halfnights
inhospitable weeks without end
frozen months
that lengthen into years
in decades of war
that for centuries wallow
with agony

Outside
the city in a lukewarm babbling
of a search
that wants to go by unnoticed
like a solitary island
a continent in suspense
a mute world
in between constellations
that are able
to give birth to new latitudes
in a new scale
below zero

Recuerdos

En la sala de los muertos
madre
retozan los recuerdos
de la infancia
Madre
en la sala de los muertos
se asoman los recuerdos
y cubren el lecho
de los vivos

Memories

In the hall of the dead
        mother
romp the memories
of childhood
Mother
in the hall of the dead
the memories peek in
and they cover the bed
of the living being

Acorralada

Ciega
sin el antifaz de una violada aurora
Desarropada
Sorda
sin la cera derramada en calles vacías
Muda
sin la lengua poética preñada de cimientos
tristes
sin la sonrisa renovadora de una juventud
perfecta
Vaya vida
te abres ante la puerta cerrada

Cornered

Blind
without the mask of a raped dawn
Unclothed
Deaf
without the wax spilled on empty streets
Mute
without the poetic tongued impregnated of
sad foundations
Without the renovated smile of a
perfect youth
What a life
you open before a closed door

Cadáveres

¿Cuántas más vidas caben en estos cadáveres
que deambulan por las calles?

Destellos de mariposas ponen la quietud boca arriba

Busco como en un pajar la sonrisa
con el crepúsculo a cuestas
Trasnochado mi semblante patalea de espanto
La calzada espejea
       entre el sol y la luna
Recojo el pesar de los andantes
en vaga palabra que moviliza los dientes
       como muralla envejecida por la historia

El planeta desfigurado
juguetea con el velo del egoísta
muestra las fichas
de mentiras blancas

Unas trompetas regatean
la posición perfecta del sonido
       entre el día y la noche
Escucho maldiciones de duendes castrados
Corre la apuesta de dominó en el patio
mientras el girasol tartamudo
se espanta con la lluvia
       pensando
¿Cuántos pies se pueden cortar con el viento
que sopla mientras caracoles aplastados
despliegan consignas?
Que baile María con la noche
aunque paró la música
hace un millón de años
Que sueñe con ojos abiertos

53

saltando la esclavitud del macho
que azota con su lengua diabólica
el alma muda que se espanta

Oscuras estrellas se rompen
cubiertas por el emblema patrio
y un preludio de silencio
ahogado de fango negro
se escucha
   entre el sol y la luna

Las estrellas negras llevan alas
El dolor se reproduce mientras
el frío entrecortado resucita
     cabalgando
almas tristes

Cadavers

How many more lives fit in these cadavers
that wander on the streets?

A glitter of butterflies put the stillness face up

I look for the smile in a haystack
with the dusk on my back
My face hungover kicks with fright
The avenue shimmers
        between the sun and the moon
I pick up the sorrow of the wanderers
in a vague word that mobilizes my teeth
        like a mural that has been aged by history

The disfigured planet
plays with the veil of the selfish
he shows his tokens
of white lies

Some trumpets bargain
the perfect position of sound
        between day and night
I hear curses of castrated dwarfs
The dominoes bet runs in the patio
while the stuttering sunflower
becomes startled with the rain
        thinking
how many feet can be cut with the wind
that blow while smashed snails
unfold chants?
Let Maria dance with the night
although the music has stopped
one million years ago
Let her dream with open eyes

skipping the slavery of the macho
that whips with his diabolical tongue
the silent soul that becomes frightened

Dark stars are breaking
covered with the patriotic emblem
and a prelude of silence
drowned in black mud
is heard
          between the sun and the moon

The black stars carry wings
The pain reproduces while
the intermittent cold resurrects
                galloping
sad souls

Anónimo

(En silencio
no vaya a ser que me deporten)

Partir la historia en segmentos
abrazar este de ahora
propagando una idea sin divisiones
Volcar este arrebato de letras promisorias en el sartén
y cocinarlo
Llenarlo con el calor congelado
de los putos hombres
brutos
perdón
esos que se creen que tiran el caño más largo
flagelos encontrados entre rayos divididos

Volcar el hechizo de la reina condecorada
sin rostro
que a pataleos hizo presencia
entre pezones duros tatuados de gozo
entre conglomerado de injusticia patriarcal
arrasando las faldas pensantes
y el intelecto preñado de blasfemia

Recordar el comienzo

Abrazar esta tarde poblada de cuerpos llenos de sueños
cargados de mierda perfumada
perdón
cagados
y un dolor colectivo que derrama los baldes
hechos de quejas
que levanta las rabias y las metrallas
y las estrellas
y el odio somático que abraza las calles
la tuya
la mía

la de ellos
rompiendo
un continente
dos continentes
todos los continentes

    En dos patas
    psicópatas descerebrados
deambulan los callejones

También deambulan en mi casa
shhhhhhhh en la casa blanca
corazones sin alas sin ventrículo sin futuro
una cultura de razas etiquetadas por pieles
amarillasblancasnegras
entre discursos de porcelana
semblantes anémicos
supremacía barata

    Puertas cerradas
fronteras
    regateando el poderío del norte
como mierda de putrefactos seres
desamparados de sentimiento

Quiero agarrar este trozo
arrancárselo a esos pendejos
pobres seres
desalmados
infames
macabros
    perdón
matarlos
Perdón
perdón
    malvados
acabarlos

Anonymous

(In silence
for fear of deportation)

Breaking the story into segments
embracing this one as of now
propagating an idea without divisions
Overturning this fit of promissory letters in the pan
and cooking it
Filling it with frozen heat
of the fucking men
brutes
pardon
those who believe they throw the longest piss
whips encountered between divided rays

Overturning the spell of the awarded queen
without a face
that stomping made herself present
among hard nipples tattooed of joy
among a conglomerate of patriarchal injustice
destroying the thoughtful skirts
and the intellect pregnant with blasphemy

Remembering the beginning

Embracing this afternoon populated by bodies filled with
dreams
overflowing with perfumed shit
pardon
shitted
and a collective pain that spills the buckets
made of complaints
that raise up the anger and the grapeshots
and the stars
and the somatic hate that embraces the streets
yours

mine
theirs
breaking
a continent
two continents
all the continents

        brainless psychopaths
        wander the alleys
        on two feet

They also wander in my house
shhhhhhh in the white house
hearts without wings without ventricle without future
a culture labeled by skins of yellowwhiteblack
among speeches of porcelain
anemic countenance
cheap supremacy

        Doors closed
borders
        bargaining the Northern power
like shit of putrefied beings
homeless of emotions

I want to take this chunk
strip it off those assholes
poor beings
with out souls
despicable
macabre
    Pardon
Kill them
Pardon
pardon
        Wicked ones
Finish them

60

¡Ooooole!

Dorada la decencia
de los subalternos
Latidos negros latidos
bautizan a los matadores

La musa sigue al torero
y de sus ojos brinca el caballo
y picotea al toro

Las manos aplauden al payaso
que sale como de vacaciones
en el segundo tercio
y luego
se fuga en bicicleta

Negro el disfraz
sorprende al picador
saborea la bofetada al alma
al hambre
        ¡Ooooole!

Mutilada la carne de huesos blandos
los corrales son tumbas
cubiertas de desgracia
¡Adiós torero!
Transpórtame a los suelos de España
de México
de Portugal
de Francia

La sangre del sacrificio
ha sido purificada

61

y al centro herido de los banderines
torean los huesos el rejoneo

Adiós torero sin luz de luna
mausoleo andante

La mirada fría corta mis tuétanos
Mis caderas alzan incendios
que las trompetas congelan
porque con estos versos
se levantan cuernos de mis pies

Ooooole!

Golden decency
of the subalterns
Black heartbeats black
baptize the matadors

The muse follows the bullfighter
and from her eyes leaps the horse
and pecks at the bull

The hands applaud the clown
who comes out like he is on vacation
on the second third
and then
he flees by bicycle

The costume black
surprises the bullfighter
he savors the slap to the soul
to the hunger
                Ooooole!

The flesh of soft bones mutilated
the corrals are tombs
covered in disgrace
Goodbye matador!
Transport me to the land of Spain
of Mexico
of Portugal
of France

The blood of sacrifice
has been purified

63

and at the center wounded by the lances
the bones dodge the wounds of the rejoneo

Goodbye to the moonlight matador
walking mausoleum

The cold gaze cuts to my core
My hips raise fires
that the trumpets freeze
because with these verses
horns raise from my feet

64

Protestas

Sueña la nieve en ser obrero
cuando en el milenio
se congelan las protestas

Pueblos
Gritos
Sueños

Sueñan los obreros que son de nieve
cuando el calor de sus corazones revienta
y los arrastra
Suicidio en sintonía que los doblega
los congela rabiosa
los petrifica

Blanca
Caliente
Pura

Qué frío en los ojos
Qué cordura de cardosanto y de carcoma
Qué derretido el copo congelado
que resbala por mi espalda

Protests

The snow dreams of being a laborer
when in the millenium
the protests become frozen

Cities
Cries
Dreams

The laborers dream they are made of snow
when the heat of their hearts bursts
and drags them
suicide in harmony that defeats them
enraged it freezes them
it petrifies them

White
Hot
Pure

What coldness in the eyes
What sense of holy thistle and of woodworm
How melted is the frozen snowflake
that slides down my back

De orfandad

Ojos profundos
como precipicio del Yosemite
Rostro que lleva de estampa la indigencia
Dedos cargados de despojo
Cuerpo marcado con horizontales líneas
pronunciadas
Cólicos estomacales
retorcijones de intestinos
contracciones
delirio
y un desierto que desemboca en los labios
una sequía
que acentúa el abandono

Pocos sueños
harapientos
que aún se aferran
a un presente
        sin mañana
rodando entre el hambre
la soledad
y las cucarachas

Of Orphanhood

Deep eyes
like a precipice in Yosemite
Countenance
that carries the stamp of indigence
Fingers laden with dispossession
Body marked with horizontal lines
pronounced
stomach colics
cramps
contractions
delirium
and a desert that flows into the lips
a drought
that heightens the abandonment

Few dreams
ragged
that still cling
to a present
        without tomorrow
rolling between the hunger
the loneliness
and the cockroaches

Bullshit

Se me enredan las calles
desoladas en los dedos
las autopistas congestionadas
de dolor en mi mundo
y las masacres colectivas
por cerebros macabros
fabricados
por la tecnología

Se me esconde el oráculo
entre las arterias cargadas de megabytes
moribundas
llenas de dolobytes
penabytes
solobytes
tristesbytes
y adaptógenos poblando sueños

This is all bullshit

Me harta el látigo de letras falsas
que regatean en la net
mientras veo la sílaba abierta
del futuro escrita en bytes

Todo es bullshit

Veo un semblante que gruñe poesía
sin la copa
el amigo
el recuerdo
solo el sofá desierto de alguna byte promisoria
en este poblado mundo despoblado

Veo ese precipicio en el patio
de la vivienda blanca en Washington
donde hace falta la maleta de psicotrópicos
que escondió la historia
para limpiar toda la mierda
de esperanzabytes falsas
que vomitan las barrigas abultadas

Y se me vuelven a enredar las calles desoladas
en los dedos
y las autopistas congestionadas
de dolor en mi mundo

y veo cagados los ojos en la pantalla
de una humanidad hambrienta
sedienta de amorbytes

Parecería que aún no despierta
la primera dama
ni las otras
que aún no encuentran el selfie perfecto
llenas de pulcritud

Se les pasmó el cerebro
en la lumbrera de libros muertos
sin ni siquiera una byte de condolencia
mientras pataleaban por su libertad

Veo cómo se carga la corriente
de tantas y tantas egobytes
odiobytes
y tanto olvido
y tanta bullshit

Bullshit

Abandoned streets tangle up
in my fingers
the congested freeways
of pain in my world
and the collective masacres
due to macabre minds
fabricated
by technology

The oracle hides
in the arteries filled with megabytes
dying
full of painbytes
sorrowbytes
lonebytes
sadbytes
adaptogens populating dreams

This is all bullshit

I'm sick and tired of the false letters
that bargain on the net
while I see the open syllable
of the future written in bytes

It is all bullshit

I see a look that grunts poetry
without the glass
the friend
the memory
only the deserted sofa of some promissory byte
in this populated deserted world

71

I see that precipice in the patio
of the white residence in Washington
where they lack a suitcase of psychotropics
that history concealed
to clean all the shit
of false hopebytes
that the bulging bellies vomit

And the lonely streets tangle up
in my fingers again
and the congested freeways
of pain in my world

and I see
the eyes of a hungry humanity
full of shit on the screen
thirsty of lovebytes

It seems as if the first lady
hasn't awaken yet
        neither have the others
who are yet to find the perfect selfie
full of neatness

Their brain has frozen
in the fire of dead books
without even one byte of condolence
while they kicked for their liberty

I see how the current
of many and many egobytes
hatebytes
is charged
and so much oblivion
and so much bullshit

72

Partitura de falos en mierda mayor

¡Mierda! muerde esta locura de seguir
Me enlodo cada vez que te recuerdo
cada vez que salgo corriendo
y levanto basura de la calle
busco lombrices muertas bajo la tierra
en el lodo de este presente de mierda
lleno de mierda y lodo

Atrévete y abre tu boca llena de flores
párate enfrente del espejo
y sonrójate si quieres
después de todo
tú tienes sobrenombre
puto
como el desamparo
que no puede rehacerse
ni siquiera
en rompecabezas

Malaracha colgada en el pantalón
y válgame con esta bragueta en bulto
en el medio del patio
y los ojos volteados
cargados de brillo alegórico
vacío con chile
y tomates y almidón de yuca
con insectos en esqueleto
entre los plátanos maduros
y los sonidos en la cocina
en la tarde de los pobres
deshabitados elefantes
en las esquinas del embrujo humano
con un cinturón de pena
en la calzada y el revoloteo

de colores con mariposas
tiradas donde quiera que se te ocurra
con la mierda atestada de lodo
y los coñazos del silencio
al romperse la muralla
y el espejo de enfrente
y los salvajes lechones de disfraces
rojos en las calles de Santiago
con el pendejo peso de la sangre
que corría por mi alma abierta
sin piernas o sin orgasmos
y que corre sorprendida
hacia los cagones vestidos de rosa
y con luces navideñas
coronando los cabrones falos
que poseen esos malditos
malditos
malditos
falos
       falos
malditos

Phallus Score in Shit Major

Shit! bites this madness of going on
I'm covered in mud every time I remember you
every time I run out
and pick up trash from the street
I look for dead earthworms under the dirt
in the mud of this shitty present
filled with shit and mud

Dare to open your mouth full of flowers
stand in front of the mirror
and blush if you want
after all
you have a nickname
puto
like abandonment
that can't remake itself
not even
in a puzzle

Bad streak hanging in your pants
and oh my with this bulging fly
in the middle of the patio
and eyes turned over
full of allegorical shine
empty with chili
and tomatoes and yuca starch
with insects in skeleton
in between the ripe plantains
and the sounds in the kitchen
in the afternoon of the poor
uninhabited elephants
in the corners of the human spell
with a belt of shame

in the avenue and the hovering
of many colors with butterflies
thrown all over where ever you feel like it
with shit crammed with mud
and the coñazos of silence
as the wall breaks
and the front view mirror
and the wild lechones of red
disguises in the streets of Santiago
with the fucking weight of blood
that runs through my open soul
without legs or without orgasms
and that runs surprised
toward the shitty pink dresses
and with Christmas lights
crowning the dumbass phalluses
possessed by these fuckers
fucking
fucking
phalluses
      fucking
phalluses

Humedad

No se ve el viento
    entre tus piernas borrosas
anaqueles inmóviles
        en este atardecer húmedo
letargorojonegroazul

Levanta
        cubre
        borra
revienta entre las cunetas
el sol
y quema el crucifijo de piedras

La conciencia reclama
pero la espalda grita

El tambor inicia su danza
        Bájame la minifalda
        píntame la estrella
        rojonegroazulceleste
cabeza abajo
entre tus dientes y el cielo

Nosotras
contra la noche
besos movedizos
de espumas y rosas

Dampness

The wind can't be seen
in between your blurry legs
immobile shelves
    in this humid dusk
redblackbluelethargy

Rise
    cover
    erase
burst out of the gutters
the sun
and burn the crucifix of rocks

The conscious demands
but the back cries out

The drum begins its dance
    lift up my mini skirt
    paint the star on me
    redblackbabyblue
head down
in between your teeth and heaven

We women
against the night
shifting kisses
of suds and roses

Más allá del reclamo

No es invento la rabia
es la cosecha

Cuando la gente furiosa se revuelve
se detiene el parlamento
No se sabe si las chispas rebeldes
traen metrallas o traen lágrimas

Cuando el gobierno exprime a los desnudos
y el vómito opresivo resbala en el asfalto
es comprensible el mal aliento
de las palabras

La rabia no es invento

Cuando el viento trae lluvia ensangrentada
no me hacen falta mariposas
como látigos
la palabra se revuelca en un altar de ángeles
con la lengua del travieso

Salen burbujas de fresas
en las mejillas del carpintero
de pie en la calle de tierra
y se levantan los cachos enlodados
y las losetas bajo la lluvia
en medio de los corazones rotos

No es invento la rabia
es la cosecha

Pero un día
saltará la palabra descalza

79

en el oído sordo de los fieles
golpeados por la espera
saltará ácida de los platos vacíos
por la pagada miseria de los esqueletos
disfrazados de riqueza

Entonces
y solo entonces
la rabia
no será la cosecha

Beyond the Complaint

R age is not an invention
     it's the harvest

When the furious people rise up
parliament stops
It is unknown if the rebellious sparks
carry grapeshots or carry tears

When the government wrings the naked
the oppressive vomit slides on the asphalt
the bad breath of words
become understandable

Rage is not an invention

When the wind carries bloody rain
I don't need butterflies
as whips
the word wallows in an altar of angels
with a mischievous tongue

Strawberry bubbles come out
on the cheeks of the carpenter
standing on the dirt street
and the muddy horns rise
and the tiles under the rain
in the midst of broken hearts

Rage is not an invention
it's the harvest

But one day
the barefoot word will leap

81

in the deaf ear of the faithful
beaten by the wait
it will leap acidly on the empty plates
by the paid misery of the skeletons
disguised as riches

Then
and only then
the rage
will not be the harvest

En extinción

Téjeme un suspiro sin pesar ni llanto
Sin pesar ni llanto
que de pesar y suspiros
se inunda el mundo

La realidad revienta su canto en oídos sordos
Los curas ciegos almidonan el dolor
el dolor
el dolor
El futuro nace entre desperdicios

Estoy harta del hambre que se desangra
de una humanidad en retroceso
de la calvicie millonaria
y las riquezas mal tomadas

Míralos
        cobardes

Téjeme palabras dulces con las hebras de la angustia
Alcánzame el cielo con la tierra renovada
sin polución sin carbón sin gasoil en Los Ángeles

Ven sin el mapa de costillas en los cuerpos en África
Acércate sin los yermos desolados en Haití
Abrázame sin los muertos inocentes en sus largos ataúdes
tras el regateo
y el petróleo confundido

Alcánzame las estrellas desenterradas en las mañanas lluviosas
sin árboles muertos abrasados
sin ríos secos con piedras olvidadas
sin glaciares tristes
desangrados

83

Llévame lejos de los egoístas vagabundos
con todos los demás los hambrientos de ternura

Enterremos entonces a ese hombre
atemos al símbolo que nos ata
la moneda o el papel

Adelantémonos
trepemos los demonios que nos destruyen
pisémoslos
y saltemos
        saltemos
                saltemos
de rodillas al vacío
        con el cinturón abierto
con la canción en la mano
sorteando esperanzas

In Extinction

Weave me a sigh without sorrow or weeping
Without sorrow or weeping
that of sorrows and sighs
the world drowns

Reality bursts into song on deaf ears
The blind priests spruce up the pain
the pain
the pain
The future is born amid waste

I am fed up by the bleeding starvation
of a humanity in regression
of the heedless bald millionaires
and their riches robbed through exploitation

Look at them
        cowards

Weave for me sweet words with the fibers of anguish
Hand me heaven with a renewed earth
without pollution without coal without diesel in Los Angeles

Come without a map of emaciated ribs on bodies in Africa
Come close without barren wastelands in Haiti
Hug me without the innocent dead in their long coffins
behind the back room deals
and conflicts over oil

Hand me the stars unearthed on rainy mornings
without dead trees scorched
without dry rivers with forgotten stones
without weeping glaciers
bloodless

85

Take me far away from the selfish vagabonds
with everyone else those starving from tenderness

Let's then bury this man
let's tie the symbol that ties us
the coin and the dollar bill

Let's move forward
let's climb up the demons that destroy us
let's step on them
and let's take a leap
      let's take a leap
         let's take a leap
into the empty fullness on our knees
      with seatbelts loosened
with song in hand
sorting through our hopes

Asustada

Me asustan las ruedas buscando equilibrio
las velocidades de lo desconocido
las aguas con fondo
los humanos sarcásticos
los bipolares
                    Me asustas tú

Frightened

I am frightened by the wheels searching for equilibrium
the velocities of the unknown
the waters with bottoms
the sarcastic humans
the bipolars
         I am frightened by you

Pensando un poco

La palabra le pica
al mosquito que patalea

La coca cola nos persigue
y quiere tomarse nuestros pensamientos
mientras mis nalgas
frías
ensordecen sobre el colchón de espuma
con su ¡Zas! ¡Zas! caribeño

Y se sonríen los muertos
¡Zas! ¡Zas!
y anochece cuando la lluvia quema
y crece el cerebro en mis cabellos
¡Zas! ¡Zas!

Y entonces
¿qué si se cierran los balcones
si saltan los precipicios desde mis ojos
si atardece en la mañana sin sol
y sin maíz tostado?

¿Qué si mi espalda se vence con tu orgasmo
y mis greñas y mis carcajadas
juegan entre tus manos?

¿Qué si mis pezones se cuelgan de la luna
si la magia abraza el centro
entre el artificio de lo falso
si la playa se cuelga en tu cintura
si amanece en esta tarde
si entierro los relojes verdes
que aún no tienen flores?

¿Qué si corre la tortuga
si se alargan mis pies
si el parabrisas se detiene
entre granizo y fuego
si me crecen alas entre las piernas
sin sexo
¡Zas! ¡Zas! ¡Zas!?

¿Y entonces qué
si mis nalgas frías
ensordecen sobre el colchón de espuma
y se sonríen los muertos
y anochece cuando la lluvia quema?

Aplauso de uñas largas
carcajadas

¿No ves cómo me río?

Thinking a bit

The word stings
the mosquito that kicks

The coke chases us
and it wants to drink our thoughts
while my cold
        ass
becomes deaf on the foamy mattress
with its Caribbean Zas! Zas!

And the deceased smile
Zas! Zas!
and nightfall comes when the rain burns
and the brain grows in my hair
Zas! Zas!

And then
what if the balconies are shut
if the abyss jump from my eyes
if it dawns in the morning without sun
and without toasted corn?

What if my back is defeated by your orgasm
and my hair and my laughter
play between your hands?

What if my nipples hang from the moon
if the magic embraces de center
between the artifice of the untrue
if the beach hangs on your waist
if the sun rises this afternoon
if I bury the green clocks
that still have no flowers?

What if the turtle runs
and my feet lengthen
if the windshield wipers stop
in between hail and fire
if I grow wings between my legs
without sex
Zas! Zas! Zas!?

And then what
if my cold ass
becomes deaf on the foamy mattress
and the deceased smile
and nightfall comes when the rain burns?

Applause of long nails
cackles

Don't you see how I laugh?

92

Emily

*No necesitamos armas y bombas para llevar la paz,
necesitamos el amor y la compasión.* (Madre Teresa).

Baila la ternura por las calles de tus ojos
y se abren los portones dándole rienda suelta
a la calidez de tu sonrisa

A tu paso
los rostros indagan tu origen
celebrando tus muchos o tus pocos años

Seda multicolor en rayos danzantes
baja cuidadosa por tu cuerpo libre
causando palpitaciones de sorpresa

Tus tempranas ilusiones marcan tus curvas
y abren surcos para acoger tus huellas
de pisada fuerte y etérea

Siembras esperanzas en los desolados campos
donde los niños extienden los brazos
al encuentro de un enorme vacío

Te veo toda sueños
y quisiera perfumar tu pelo con el aroma
de una gardenia sagrada

Resguardarte de los perros rugientes
que acechan por todas partes
esperando dar el mordisco de la muerte

93

Alejarte de las hirientes noticias
de refugiados inmigrantes desplazados
que nos bombardean a todas horas

Quisiera preservar tu inocencia
                Emily
tomarte de la mano y alejarte del odio
que abraza esta humanidad desangrada

Emily

We do not need weapons and bombs to carry out peace,
we need love and compassion. (Mother Teresa)

Tenderness dances through the streets of your eyes
and the gates open given freedom
to the warmth of your smile

At your step
the faces inquire your origin
celebrating your many or your few years

Multicolor silk like dancing rays
falls carefully on your free body
causing surprise palpitations

Your early dreams mark your curves
and open furrows to embrace your footprints
of your strong and ethereal step

You sow hope in the desolate fields
where the children open their arms
encountering an enormous emptiness

I see you like a dream
and I want to perfume your hair with the aroma
of a sacred gardenia

Guard you from the roaring dogs
that stalk from all sides
awaiting to give the bite of death

Take you away from the wounding news
of refugees immigrants displaced people
that bombard us at all hours

I would like to preserve your innocence
                    Emily
take you by the hand and far away from the hate
that embraces this bloodless humanity

En su camino

Una llovizna de estrellas
le acariciaba las trenzas
pero el caballo torció el camino
al cruzar el espejo
asaltando los ojos de Lucía

Manuel bocasucia
        perro pata partida
                parecido
                        vagabundo

Y Esmeralda
casi despierta esperaba
entre pesadillas rojas
de modales y galletitas saladas
en la cama ancha
olvidando que para recoger pétalos
debes cultivar rosas

Manuel mentiroso
        bastardo
                malhablado
                        borracho

Lucía no encuentra las lágrimas dulces
perdidas en el mar
el pajarito azul sentado
en el hombro izquierdo de su sonrisa
el paño preciso para limpiar el dolor
que recorre su sangre
ni siquiera el canto oculto
entre sus palabras

Manuel desgraciado
        perro prieto
                morrudo
                        macho barato

97

¿Qué recorrido trasnochado
tienen que andar tus penas Esmeralda?
¿Qué bostezo masticado
deben ocultar tus dientes?
¿Qué sonrisa plana debes sonsacar
en la tarde negra
que revienta en viento de vendimia?

¿Qué malapalabra pueden colgar de su lengua
para maldecirlo?

Rabioso animal de barriga
malpodrida
Manuel de cuentas largas
y sin fondo
   Desaparece ya

On his path

A drizzle of stars
  caressed her braids
but his horse twisted the path
as he crossed the mirror
assaulting Lucia's eyes

Manuel filthy mouth
                tramp
                        good for nothing
                                vagabond

and Esmeralda
almost awake awaits
in between red nightmares
of manner and saltine crackers
on the wide bed
forgetting that in order to reap petals
you must cultivate roses

Manuel the liar
                bastard
                        filthy mouth
                                drunk

Lucia can't find the sweet tears
lost at sea
the little blue bird sitting
on the left shoulder of her smile
the perfect handkerchief to clean her pain
that runs in her blood
not even the hidden chant
between her words

Manuel jerk
        Black dog
                big mouth
                        cheap macho

99

What sleepless journey
must your sorrows take Esmeralda?
What chewed up yawn
must your teeth hide?
What flat smile must you pry out
in the dark afternoon
that burst in a wind of grape harvest?

What bad word can be hung from their tongues
to curse him?

Enraged animal of rotted
belly
Manuel with long accounts
without end
        Disappear now

Mierda

Opuestos
mundos
contrapuestos
carajo
qué carajo
opuestos
      sentimientos
          contrapuestos
desgarro

Shit

Opposed
          worlds
opposing
fuck
what the fuck
opposed
          feelings
                    opposing
heartbreak

Preguntas

Abrigadas de recomendaciones
aparecen miles de preguntas
Las palabras vestidas de blanco
se me apilan en el pecho

Fue amputada la izquierda
        nuestra preferida

Miro la imagen en el vacío
doblada en una turbulencia de fórmulas
La cicatriz se dibuja casi hasta la espalda
trazando una ruta perdida

También extirparon la sonrisa
junto a los sueños
en medio de una sala fría

Se truncaron los planes
los proyectos en el jardín
las aventuras con los nietos
las vacaciones en la playa
todos cercenados ante una célula
tragavida

Y surge la incógnita
¿Cuánto de vida?
        ¿Cuánto de muerte?
¿De muerteviva?

Frente al espejo que no calla
¡Coño!

se delata la ausencia
perpetua
y la otra marca que veo
la de adentro
la más profunda
la que duele
la que más
duele

Questions

Coated with recommendations
a thousand questions appear
The words dressed in white
pile up on my chest

The left one was amputated
our favorite one

I see the image in the emptiness
folded into a turbulent of formulas
the scar drawn all the way to the back
tracing a lost route

They also removed the smile
together with the dreams
in the middle of a cold room

The plans got cut short
the projects in the garden
the adventures with the grandchildren
the vacation on the beach
all of them lacerated by a
life eating cell

And the question arises
How much of life?
How much of death?
Of deathalive?

In front of the mirror that doesn't shut up
¡Coño¡

the absence denounces itself
perpetual
and the other mark that I see
the one inside me
the most profound one
the one that hurts
that hurts
the most

Veintisiete minutos y medio

Qué raíces arraigan?
¿¿Cuáles ramas crecen de estos escombros
de piedra?

Virutas de humo embalsaman la pedrería
al pudor de las aguas consagradas

     Casada
entro en este instante bañada de auroras boreales
vientos solares se precipitan en mi espalda
luego que tus manos
me parten a los cincuenta

¡Basta!
¡Me niego a perder mis sueños!

     Rebautizo mis dedos
sobre las teclas adormecidas

     Oh Jardín del Edén
     Oh Diluvio Universal
     Oh Torre de Babel
     Oh patriarca Abraham

Abran las puertas al Cantar de los Cantares
que mi boca aún florece en lontananza

Y la humanidad se volvió hacia la luz
y fue conocida de la luz

¡Oh hijos de mis entrañas!
     el cabello no los define
          ¿Quién es aquí la madre?

Oh veintisiete minutos y medio
de suspiro
sorprendido
en el charco de estrellas
retozando entre mis piernas
donde se quiebran espantadas las blasfemias

El mundo afuera me vuelve loca

Pruébalo
       sexy
nuevo
Compra este bikini
incendia las playas abandonadas
       asesinadas con desperdicios
       latas vacías de cocacola
       y botellas rellenas de arena
       ensangrentada
       por recuerdos que son historia
       y vulgaridad

Como cualquier detergente
mantenlo lejos de los niños
tiene garantía
gratis el shiping and handling

Mientras tanto un Quijote cabalga en celo
a Dulcinea sobre un piano sin acordes
sin notas caribeñas

Entonces
este es un momento inevitable
       en el tiempo y del tiempo

—*Veremos si tenemos suerte*
veremos los ponis salvajes
descendientes de caballos náufragos
de cientos de años

108

Y bañaré las oscuras hebras de melaza
mientras atrapo desatinos que nublan tu estancia

Mandaré al coño la oscuridad que puebla mi patio
Remendaré los pedazos de luz
que quedan en espacios sordos

      Y aunque sea
por veintisiete minutos y medio
mientras me tomas
detendré la historia

Twenty-seven and a half minutes

What roots become ingrained?
What branches grow from these debris of rock?

Shavings of smoke embalm the gemstones
at the modesty of the consecrated waters

        Married
I enter at this instant bathed in northern lights
solar winds rush on my back
after your hands
break me in at 50

Enough!
I refuse to lose my dreams!

        I baptize my fingers again
on the sleepy keyboard

            Oh Garden of Eden
            Oh Universal Flood
            Oh Tower of Babel
            Oh Patriarch Abraham

Open the doors of the Songs of Solomon
that my lips still flourish at a distance

And humanity has turned to the light
and it was known from the light

Oh children of my womb
        hair does not define you
                Who here is the mother?

Oh twenty seven and a half minutes
of sigh
surprised
in the puddle of stars
romping between my legs
where the blasphemies are broken in fright

The world outside drives me crazy

Try it
      sexy
new
Buy this bikini
ignite the deserted beaches
      assassinated with rubbish
      empty cans of coke
      and bottles filled with sand
      bloody
      from memories that are history
      and vulgarity

Like any detergent
keep it far away from the children
it has a warranty
free shipping and handling

Meanwhile a Quijote rides in heat on Dulcinea
on a piano without chords
without Caribbean musical notes

Then
this is an inevitable moment
      in time and of time

— *We will see if we have luck*
We will see the wild ponies
descendants of shipwrecked horses
of hundreds of years ago

111

And I will bathe the dark strands in molasses
while I trap the nonsense that clouds your stay

I will send to hell the darkness that inhabits my patio
I will mend the pieces of light
that remain in deaf spaces

   And even if it is only
for twenty-seven and a half minutes
while you take me
I will stop the story

Fiesta

Quédate ahí
mustia
con pecado de gracia
malagradecida
entre las llamas verdes
del salado infierno

No te acerques
no asomes tu deshilado rostro
partitura de vientos frescos
que salpica el alma

No te asomes
quédate lejos
pena que traes lágrimas

No te acerques
aquí hay fiesta de mariposas
y no fuiste invitada

113

Party

S tay there
despondency
with sin of grace
ungrateful
in between the green flames
of the salty inferno

Do not come close
do not show your unravelling face
score of fresh winds
that splashes the soul

Do not peak
stay far away
sorrow that brings tears

Do not come near
there is a party of butterflies here
and you were not invited

Buenos días

Desprevenido
mañanero
un beso revuelve en mí
miles de millas de contento

La mimosa mirada llega
colgada de la pantalla

En medio del olor del café
cae el abrazo de sudores
de empapeladas divisiones

Aparece un suspiro
retocando los rincones acaparados
de telas de arañas y morroña

Un buenos días me arropa
en medio del revuelto ensueño
con planeado placer planetario
alcanzando el baile de la silla mecedora
envidia de las sábanas impregnada
de pegajosas soledades

Un sol entre comillas
sorprendido
me saluda descabellado en este día

Angelitos aleteando alborotados
cruzan las calles desnudas
trasnochados

Buenos días
digo

regateando al suspiro
de madurez adelgazada

Brazos abrazados abarcando
desterrados infinitos que se alargan
proyectando profecías

Quiero colgarme en los labios
café con leche
mermelada de membrillo
pan de azúcar
en mi vientre
almíbar de lechosas
en mis pechos
mientras la salada humedad
retoza en las mejillas y se propaga
hasta mis piernas
y revienta en carcajadas las compuertas

116

Good morning

Off guard
a morning kiss
stirs in me
thousands of miles of content
the cuddling look arrives
hanging on the screen

In the middle of the coffee smell
the sweaty hug falls
of wrapped divisions
    A Sigh appears
       retouching the gathered corners
       of spider and homesickness fabric

A good morning bundles me
in the middle of the scrambled daydream
with planned planetary pleasure
reaching the dance of the rocking chair
envy of the bed sheets impregnated
of sticky solitudes

A sun in between quotations
surprised
salutes me rowdy in this day

Little angels flapping unruly
cross the naked streets
sleepless

Good morning
I say

117

bargaining to the sigh
of thinned out maturity

Embraced arms covering
exiled boundlessness
projecting prophecies

I want to hang on my lips
coffee with milk
quince marmalade
sugar bread
in my wound
papaya syrup
on my breasts
while the salty humidity
romps on my cheeks and spreads itself
all the way to my legs
and bursts the gates into loud laughter

118

Corazón guerrero

Maldigo el caudaloso sonido de tus palabras
aniquilando horizontes
barriendo sueños inocentes
    en el frío que amanece
    como azadón boto que no corta esta historia

Reniego del ruido afilado de tus vocales
que resbala por tu lengua movediza
    e infernal

Me lastima esa voz en la aurora
como letanía de estrellas apoderándose
    de la soledad de mi lecho

La voz de mis muertos deambula
por las calles de mis días
    como una canción que desentona

Aborrezco los sentimientos de agonía
que susurran bajo nuestra cama
    escondidos y acechantes

Maldigo las sílabas que arrojas como metralla
blasfemia de un demonio
    que provoca nausea y llanto

La voz de los niños
calma el dolor
así como el bálsamo de la abuela
    en noches de pena

Si pudiera
te sembraría la voz de buganvilias
la abrazaría de terciopelo
la cubriría de ternuras
la adornaría con un abecedario
de sueños de futuro
la callaría
con la propia voz
escondida
de mi corazón guerrero

Warrior Heart

I curse the fast-flowing sound of your words
annihilating horizons
sweeping innocent dreams
in the cold of the daybreak
like a dull hoe that doesn't cut this story

I grumble at the sharp noise of your vowels
that slide through your moving and infernal
tongue

That voice in the dawn hurts me
like a litany of stars taking over
the loneliness of my bed

The voice of my deceased wanders
through the streets of my days
like a song off tune

I detest the feelings of agony
that whisper under our bed
hidden and stalking

I curse the syllables you shoot out like grapeshot
the blasphemy of a demon
that provokes nausea and tears

The voice of the children
calms the pain
like grandmother's balm
in the nights of pain

If I could
I sow in you the voice of bougainvilleas
I would embrace it with velvet
cover it with tenderness
adorn it with the alphabet
of future dreams
I would silence it
with my own voice
hidden
in my warrior heart

Bienvenida

Voy a dejar que me ames
    descalza de esta pena
labrada en mí
por insectos desplumados

Voy a dejar que me ames
y que me siembres las pupilas de alegría
y me cultives en el cuello cardo santo
y recojas arrozales en mi vientre
y desates los nudos del intelecto

Mientras me amas
me quedaré tendida de contento
murmurando los versos que escribiste
Detallaré la historia en mudas letras
venerando el instante en que llegaste

Dejaré que derribes la muralla
y levantes un estandarte de sonrisas y nomeolvides
        mientras me amas
alargaremos el momento de esta historia
la refrescaremos con lavanda y especies de otras tierras
con platos de los dioses purificaremos nuestros besos
y nuestros abrazos
      Voy a dejar que me ames
      que te adueñes de mis ansias
      y te prometo que a cambio
      voy a amarte
      deshaciendo
caricia
            a caricia

esta infinita tristeza

123

Welcome

I am going to let you love me
barefoot of this sorrow
engraved in me
by unfeathered insects

I am going to let you love me
and let you plant my pupils with joy
and let you cultivate on my neck holy cardo
and let you reap rice fields in my womb
and let you loosen the knots of the intellect

While you love me
I will lay spread out in contentment
murmuring the verses you wrote me
I will recount the story in muted letters
venerating the instant when you arrived

I will allow you to tear down the wall
and raise a banner of smiles and don't forget mes
        while you love me
we will prolong the moment of this story
we will refresh it with lavender and spices from other lands
with dishes from other gods we will purify our kisses
and our hugs
                I am going to let you love me
                And be the owner of my yearnings
                And in exchange I promise you
                I will love you
                Undoing
    caress
                        by caress

this infinite sadness

124

Puedo

Puedo ponerme el turbante oscuro
y competir con el aire intoxicado
de corrupta palabrería que se cuelga en la red

Puedo hacerme mudaciegasorda
errante de colores
perder en el conjunto la virginidad
borrar para siempre el recuerdo
de memorias carmesí
y sembrarme una sonrisa fresca
en el coño solitario que
me dejaron

¡Mierda!

Puedo arrancarme
la sortija memorándum
desde el ventrículo
quitar las estrellas marchitas
del tendedero y tirarlas por las calles
despoblar las lunas llenas
las cartas
los versos
y las fotografías del computador

Descojonarme el sentimiento de nostalgia
que se acuesta sobre mis hombros
abrazar a la que me abraza
y quemar a la que me olvida
Puedo
        Puedo
¡Sí yo puedo!

I can

I can put on the dark turban
and compete with the intoxicated air
of corrupt talk that hangs on the web

I can pretend to be muteblinddeaf
wandering of colors
and lose in the ensemble my virginity
erase forever the reminder
of crimson memories
and plant on me a fresh smile
on the solitary coño
they left me

Shit!

I can tear off
the memorandum ring
from the ventricle
take off of me the withered stars
from the clothes line and throw them on the streets
depopulate the full moons
the letters
the poems
and the photographs from the computer

I can take the piss out of this feeling of nostalgia
that lies over my shoulders
embrace the one that embraces me
and burn the one that forgets me
I can
        I can
Yes I can!

Óscar

Homenaje a mi amigo, mi gigante, mi pequeño, mi árbol

1

Tan grande y tan pequeño
tan áspero y tan suave
tus dedos saludan al mundo
y todos los abrazos
que adelgazan el alma
te visitan
te arropan
sonríen
y viven

2
Nos miramos

Tú siempre
recto

Te abrazo
y existo

3
Tus raíces viejas y sabias
levantan la tierra
y viajan al centro

Se meten dentro
del universo y
de mi verso

4
Caminan sin pies tus raíces
Abrazan el dolor de los humanos
desamparados

127

5
Respiras cada mañana
el negro que ahoga tus hojas
ya sin clorofila
casi sin vida
acribilladas por el ego
de esta criatura perdida
que camina sin rumbo

6
Muertos
vivosmuertos
maltratados
muertosvivos
que deambulan sin rostro
sin manos
y sin cabezas
sin ojos
sin alma
y sin cabeza
quizás sea tarde
por la escasez de oxígeno
que algunos embotellan
o intercambian
o desangran

7
Hemos consumido
y consumado
todo lo puesto a mano

Nos duele el estómago
mientras
hacemos planes para invadir
otro espacio

Marte Saturno Júpiter
Y la luna sobre tu copa

Agotamos los recursos
mientras deliberamos
caminando vacíos
intoxicados de este desgaste
de humo negro que asfixia
y estrangula tus ramas
abrazadas
mientras agonizan
y se alzan
y se secan
y se alzan
y bailan
y se alzan
y se mueren
sin un pájaro azul
sin un colibrí

8
Largo camino de árboles rojos
el cascajo dorado cubre el sendero
Tu boca y la mía enterradas
escuchando un cantar de sueños despoblados
y presas de un dolor
cuarteado en surcos largos
y cortos
en tus ramas
abrazados a las masacres
de tantos como tú
Óscar
Y de tantos como yo
Vielka

9
Montón de ojos
y de hojas tristes
en el rodar de la rudeza roedora
de rabia radical
que rebota en el rabo rabioso
de la ignorancia
que se alza
pero no da sombra
como tú
que ocupas toda la atención
de mi patio

10
Ángeles puestos de cabeza
pies descalzos
Una flor blanca aterriza en mi boca
aún sin besos

11
Me acechas
caliente al sol de abril
Quiebras la timidez de mis pezones
descalzos cuando te abrazo
Tu textura rugosa
saborea la melaza caribeña
que revienta entre mis muslos
y fertiliza tu surco
triunfante

12
Arropas el pobre corazón
desierto
que explota en algarabía bajo tu sombra
entre un baile de hojas
quebrando el ritmo sensual
de mis caderas

13
Tú dominas
a pesar
del arce japonés
del limonero
de los pinos
del persimonio
de las dalias
las gardenias
y las rosas
Todos
se mueren de celos

14
Cuando paso como reina
y te abrazo
pequeño gigante
me alzas
y habitas mi espacio

15
Mi cabello alborotado
se revuelve con tus raíces
y tus hojas y la tierra
que te nombra

131

16
Tan niño y tan gigante
tan dócil y tan fuerte
tus dedos me saludan
y todos tus abrazos
me visitan
me arropan

Sonrío
y me lleno de tu olor
centenario
de tu sonrojo
triunfante
mi hermoso
Óscar

Oscar

Tribute to my friend, my giant, my little one, my tree

1
So big and so little
so rough and so soft
your fingers salute the world
and all the embraces
that thin out the soul
visit you
clothe you
smile
and live

2
We look at each other

You always
upright

I embrace you
and I exist

3
Your roots old and wise
pick up the earth
and travel to the center

Go inside
the universe and
my verse

4
Your roots walk without feet
They embrace the pain of the helpless
humans

133

5
You breathe every morning
the black that drowns your leaves
now without chlorophyll
almost lifeless
pelted by the ego
of this lost creature
that walks without direction

6
Dead
livingdead
mistreated
deadliving
that wander without a face
without hands
and without heads
without eyes
without soul
          and without heads
maybe it's too late
due to the lack of oxygen
that some bottle up
or exchange
or bleed to death

7
We have consumed
and consummated
everything at hand

Our stomach hurts
while
we make plans to invade
another space

Mars Saturn Jupiter
      And the moon over your crown

We exhaust our resources
while we deliberate
walking empty
intoxicated with this erosion
of black smoke that suffocates
and strangles your branches
embraced
while they agonize
and they uplift
and they dry out
and they uplift
and they dance
and they uplift
and they die
without a bluebird
without a hummingbird

8
Long road of red trees
the golden gravel covers the path
Your mouth and mine buried
listening to the chant of uninhabited dreams
and captive of a sorrow
divided in long and
short rows
in your branches
embraced to the massacres
of so many like you
Oscar
and of so many like me
Vielka

135

9
A bundle of eyes
and of sad leaves
in the rolling of the rude gnawing
of radical rage
that bounces on the enraged ass
of ignorance
that elevates
but does not give shade
like you
who occupies all the attention
of my patio

10
Angels set upside down
bare feet
a white flower lands on my mouth
still without kisses

11
You watch me
hot by the April sun
you break the shyness of my nipples
barefoot when I embrace you
your coarse texture
savors the Caribbean molasses
that bursts in between my thighs
and fertilizes your furrow
triumphantly

12
You wrap the poor deserted
heart
that explodes in the hullabaloo under your shade
among a dance of leaves
breaking the sensual rhythm
of my hips

13
You dominate
despite the
Japanese maple
of the lemon tree
of the pines
of the persimmon
of the dahlias
the gardenias
and the roses
all of them
die of jealousy

14
When I pass by like a queen
and I embrace you
little giant
you lift me up
and inhabit my space

15
My chaotic hair
mixes with your roots
and your leaves and the earth
that name you

16
Such a child and such a giant
so docile and so strong
your fingers greet me
and all of your embraces
visit me
cover me

I smile
and I'm filled with your scent
centenary
of your blush
triumphant
my beautiful
Oscar

De mañana

Me baño en copal y melaza de mangos
Despierta mi sexo en la imaginación mañanera
Dejo que se alboroten los rizos en el sol de mayo
mientras mis senos con piel de gallina
se contraen

Abrazo la brisa que rompe el silencio
al tiempo que bailo en los brazos de Óscar
y el roce de mis dedos proclama su fortuna

Me baño en asombro con colores de aromas antiguos
Un pájaro azul se mece en un cable de electricidad
buscando el voltaje que lo despabile
Me canta un piropo
contemplando mi desnudez iluminada

El humo del copal va marcando mi espalda
mis pechos
mis muslos
me hace sentir purificada
v i v a
desposada
en ensueños
inundada
de GRACIA

In the Morning

I bathe in copal and mango molasses
my sex awakens in the early morning imagination
I let the curls become excited with the May sun
while my goosebumped breasts
contract

I embrace the breeze that breaks the silence
while I dance in Oscar's arms
the brush of my fingertips proclaims its fortune

I bathe in astonishment with color of the antique aromas
a blue bird swings on an electrical cable
searching for the voltage that will awaken him
he sings me a flirtatious song
as he contemplates my illuminated nakedness

The smoke of the copal is marking my back
my breast
my thighs
it makes me feel purified
a l i v e
stripped away
        in dreams
inundated
        with GRACE

140

Al roce

Sentí el temblor recorrer mi espalda
al roce de tu sueño junto al mío
y se tornó mi vello en rojo

El calor entre mis piernas se transformó en agonía
te sentí quebrar un suspiro
y un puto sentimiento se apoderó de mis pezones

Tiritaba de ansias silenciadas en la sábana
de aquel refrescado lecho de poesía
Te quería tomar la mano
deslizarla hasta mi centro
apoderarla de mi fuego
miel de lechosas guayabas y fresas
leche de almendras con ajonjolí
del grito acorralado por el miedo
al abandono
convirtiéndolo
en gemido de gata en luna llena
y que en mis nalgas tus uñas
grabaran tu nombre
bautizándolas con un volcán de meteoritos

Fue entonces que me sorprendió
el roce de tus labios
despiertos
por fin

141

At the Brush

I felt the earthquake run through my back
at the brush of your dream next to mine
and my pubes turned crimson

The warmth between my legs turned to agony
I felt you break a sigh
and the fucking feeling took over my nipples

I trembled with silent yearning in the bedsheets
of that refreshed bed of poetry
I wanted to take your hand
slide it slowly to my center
to take charge of my fire
honey of papayas guavas and strawberries
almond milk with sesame seed
of the trapped cry for fear of abandonment
turning it into a cat cry on a full moon
and I wanted you to engrave your name
on my buttocks with your nails
baptizing them with a volcano of meteorites

It was then
the brush of your lips
surprised me
awaken
at last

142

Posesión

Murmuro sobre las planicies oscuras
de tu espalda
Cubro tus cabellos de susurros claros
Acorralo tu ombligo en cuclillas
y saboreo tu néctar
todo en ti derramado

Traviesa
huracán de sentimientos
trovadora de ensueños y latidos sordos
deseo jalarte el impulso en un gemido
y sacarte la palabra contrapuesta

Quiero comerme despacito de entremés
la puntita de tus sueños
sudarte en temblor permanente
dejar el tostado semblante
resplandecer en el lecho
          morderte
los labios

Abrazarte

Recorrerte en los silencios
en los bullicios y letargos
          en las soledades

Tomar tu mano
          como no queriendo
guiarla firme hacia el único
y verdadero
paraíso

143

Possession

Imurmur on the dark plains
of your back
I cover your hair with clear whispers
I trap your belly button as I tiptoe
and I savor your nectar
all on you spilled

Naughty
hurricane of feelings
trobairitz of daydreams and deaf heart beats
I desire to pull your impulse in one moan
and take out of you the opposed word

I want to eat little by little as an appetizer
the tip of your dreams
make you sweat in permanent trembling
leave the toasted demeanor
shine on the bed
          bite
your lips

Embrace you

Go across your silence
in your ruckus and your lethargies
          in the loneliness

Take your hand
          as if I wasn't wanting to
firmly guiding it to the only
and true
paradise

En sábanas rosadas

De pronto me dan ganas
de masturbarme temprano
sacando el desierto jugo
en un sábado de asueto

Hacerle oposición al frío
en brasas volverlo
en fuego evaporado
en lava blanca
en chispas de granizo

Masturbar este deseo
tenderme abandonada
ignorar las noticias
y su realidad de cadáver
con futuro pasado presente

Sacar el último ocaso
sin oscuridad y sin luna
colgarme temblores de tierra
en mis nalgas
dilatando el placer
que aguarda

Palpar la hinchazón placentera
de mis labios
sentir el tornado de risa
entre mis dedos
el huracán en mis poros
la cascada de truenos y
gritos húmedos en mi vientre
más allá de las sensaciones
en mi expectante centro

145

Me abrasan las ganas
de masturbarme temprano

Sí
de violar esta soledad
de sábanas rosadas
de alcanzarme retozando al oído
con melaza que raspe mi lengua
de patalear alegre
en el colmo del clímax
Volar
        volar
hacerme míaaaaaaaaaa

On Pink Sheets

A ll of the sudden I feel the urge
to masturbate early
letting out the dessert juice
on a lazy Saturday

To oppose the cold
and turn it into coals
into evaporated fire
into white lava
into sparks of hail

Masturbate this desire
laying abandoned
ignoring the news
and its cadaver reality
with future past present

Taking out the last sunset
without darkness without moon
hanging earthquakes
on my buttocks
dilating the desire
that awaits

Palpate the pleasant swelling
of my lips
feel the tornado of laughter
between my fingers
the hurricane in my pores
the cascade of thunder and
humid cries in my womb
way past the sensations
in my expectant center

147

The urge to masturbate early
embraces me

Yes
to rape this loneliness
of pink sheets
to reach my ear making out
with molasses that scrape my tongue
      to kick joyfully
      at the height of my climax
Fly
      fly
make me miiiiiiiiiine

Voluptuosas

Qué conmoción recorre el momento
en el Mercado Central de Jinja
cuando el tongoneo de esas caderas
entre los pasillos repletos de mangos
sandías gandules aguacates plátanos
paraliza a los verduleros a las marchantas
y a los compradores
la circulación completa del comercio
causando un centelleo eléctrico al que imagina
como yo
la caricia de la melaza deslizándose lenta
por las piernas
en un roce sensual
futuro festín de unos labios
afortunados

Voluptuosas
danzan en medio del trajín del mercado
Se avivan y se mezclan los sentidos
a su paso
se escucha el sudor que nos corre
por el cuerpo en éxtasis
Se sienten los corazones acelerados
huele el tic tac de sus movimientos
cadenciosos

Se carga el aire
ante el espectáculo
de esos dos glúteos morenos

Qué tortura
Qué gozo
Qué martirio

149

Qué fiesta
pasan esas nalgas
que llevan un jadeo de placer
entre ellas mismas
mientras marcan el compás
en el Mercado Central de Jinja
a las dos de la tarde

¡Por Dios! Olvidé a lo que vine

Voluptuous

What commotion runs through the moment
at the Mercado Central de Jinja
when the swaying of those hips
in the hallways filled with mangos
watermelons pigeon peas avocados bananas
paralyzes the grocers and merchants
and the buyers
the complete circulation of commerce.
Causing electric twinkling to the one who imagines
like I do
the caress of the molasses sliding slowly
through the legs in a sensual brush
future feast of fortunate
lips

Voluptuous
they dance in the middle of the mercado's hustle
the senses come alive and merge
at her step
a sweat that runs through our bodies
is heard in ecstasy
one can feel the accelerated hearts
there is a smell
of her rhythmical tic tac movements

The air is filled
before the scene
of those two dark buttocks

What torture
What joy
What martyrdom

What feast
those buttocks pass by
they have a panting of pleasure
between themselves
while they mark the beat
at the Mercado Central de Jinja
at two o'clock in the afternoon

Oh my God! I forgot what I came for

Feeling blue and sexy

En un espacio perfumado de olvido
unos panties transparentes
color púrpura
son tocados por la nostalgia
un día cualquiera
desplazado en el calendario
y me doy cuenta que
I'm feeling blue and sexy

Romeo y su bachata
sus eróticas notas en Pandora
acarician mi oído
con el ritmo que deletrea mis caderas
desparramando granizos rojos en mi columna
mientras el sensual aroma
se escapa de mis muslos
y se contrae mi ombligo y la sensación
de melaza de caña inunda mi lengua

Miro afuera
y Óscar
con su color decadente y su ternura
me mira mientras se abraza
con sus ramas
al roce del viento

I'm feeling blue
and sexy
mis dedos juegan en el monte desolado
que aún responde
¡Ay!
I'm feeling
blue
and

153

sexy
e invoco nombres perdidos
recuerdos encontrados
caricias prófugas
que se funden con el suspiro
entre
cor
tado
de mis curvas
Llévame contigo, que no aguanto la aflicción
Llévame contigo, no seas malita y no no,
Llévame contigo, y si te vas de vacación
Llévame contigo, aunque sea de chaperón
Llévame contigo o habrá desolación
Llévame contigo, ponle fin a mi temor
Donde se fue tu amor para buscarlo rápido!

Blue
Sexy
I am feeling
feeling
        feel-

¡Coñoooooo!
Alguien está tocando la puerta

154

Feeling blue and sexy

In a space scentend with oblivion
some transparent panties
of color purple
are touched by nostalgia
on an ordinary day
displaced on the calendar
and I realize that
I'm feeling blue and sexy

Romeo and his bachata
his erotic musical notes on Pandora
caress my ear
with the rhythm my hips spell out
spreading red hail in my spine
while the sensual aroma
escapes from my thighs
and my belly button contracts and the sensation
of sugarcane molasses floods my tongue

I look outside
and Oscar
with his decadent color and his tenderness
watches me as he hugs himself
with his branches
at the brush of the wind

I'm feeling blue
and sexy
my fingers play with the desolate mount
that still responds
Ay!
I'm feeling
blue
and

sexy
and I invoke lost names
mixed memories
fugitive caresses
that melt with the sigh
inter
mit
   tent
of my curves
Llévame contigo, que no aguanto la aflicción
Llévame contigo, no seas malita y no no,
Llévame contigo, y si te vas de vacación
Llévame contigo, aunque sea de chaperón
Llévame contigo o habrá desolación
Llévame contigo, ponle fin a mi temor
Donde se fue tu amor para buscarlo rápido!

Blue
Sexy
I am feeling
feeling
   feel-

Coñooooooooo!
Someone is knocking at the door

Ofrenda

.Corre!
    ¡Corre!
       ¡Corre!

Cuélgate del sol o de la luna llena
Ponte la gardenia blanca entre los muslos y
¡Corre!
    ¡Corre!
       ¡Corre!

Deja los rizos libres al viento
cubiertos de ensangrentadas
estrellas

Mutiladas por mentes malditas
masturbándose con el manjar
que las ha manejado por milenios

Como tú
ellas
nacieron detrás de un crucifijo
de un pez con doble ojo
y como tú
abrazaron sueños que ni siquiera
de manos de la lechuza
les fue posible alcanzar

Montaron hormigas picantes
como ají habanero
sin plan
sin premeditación
solo alevosía
sin ventaja

Batallaron entre el culo del profesor
macabro y la lombriz amarilla
preñada de quejidos pendejos

Como tú
se tropezaron con un terrón de azúcar
y mermelada de fresa
que las llevó al infierno
y así
como tú
corretearon un sueño varado
entre platos sin platanos
y sin arroz
y sin ni siquiera una muñeca de trapo

¡Corre!
    ¡Corre!
        ¡Corre!

Deja que el sol de junio cambie
las cicatrices de tu clítoris por astros
Abraza la luna llena

Otras muchas como tú
aporrearon los perros bravos
tratando de resguardar el centro
Ese que no alcanzó a tocar el traficante
ni el mercado de brujas
sin escobas mágicas
Ellas
también jugaban a *Mambrú se fue a la guerra*
qué dolor
    qué dolor
        qué pena

mientras les bajaban los pantis en un callejón
entre charcos de lluvia rojablancanegra
Y así salían del escondite
montadas en caballitos de un mar rojo
envueltas en sábanas de abandono

¡Ay muchachita!
          ¡Ay niña mía!
Entierra las monedas de ese rancio coyote
que se cruza las verjas
usadas como símbolo pútrido
que recorre los bancos y se revuelve
en los cementerios
Pisotéalas
Párteles el olfato
a esos tigres diente de sable
tigres de Tasmania
leones de las cavernas
bestias lanudas
megaterios
exterminadores de tu universo
que llegan como fuerza constrictora
arrasando tu inocencia

Cabalga tu historia
arrástralos hacia el centro del Monte Merapi
entiérralos en el Nyiragongo
que su lava de más de doscientos mil grados
les desintegre la conciencia pedregosa

¡Vamos!
      ¡Vamos!
         ¡Vamos!

Cuelga tus bucles de cuarzo
de citrina de amatista o de hojalata
Levántalos sobre el atardecer
y entrégalos en bandejas
colmadas de flores frescas

Cuelga también tu vientre rosa
sobre el pantano de astros negros
que tocan tus pies
junto al de ellas
ofrécelo a los dioses

Levanta tu sueño
¡Vuela!
       ¡Vuela!
              ¡Vuela!

Yo ya estoy aquí

Offering

R^{un!}
    Run!
          Run!

Hang from the sun or the full moon
Place the white gardenia between your thighs and
Run!
      Run!
          Run!

Leave your curls free in the wind
covered in bloody
stars

mutilated by wicked minds
masturbating with the feast
that has driven them for millennials

Like you
they
were born behind a crucifix
of a fish with a double eye
and like you
they embrace dreams that
not even from the owls' hands
were possible to reach

They rode on stinging ants
like habanero ají
without a plan
without premeditation
only treachery
without an advantage

They battled in between the ass
of a macabre professor
and the yellow earthworm
pregnant with fucking complaints

Like you
they tripped on a sugar cube
and strawberry marmalade
that took them to hell
and so
like you
chased a stranded dream
in between plates without plantains
and without rice
without even a cloth doll

Run!
      Run!
          Run!

Let the June sun change
the scars of your clitoris for stars
embrace the full moon

So many more like you
beat the ferocious dogs
trying to protect the center
that one the trafficker couldn't touch
nor did the witches market
without magical brooms
They
also played *Mambrú se fue a la guerra*
qué dolor
      qué dolor
          qué pena

162

while they pulled down their panties in an alley
in the puddles of redwhiteblack rain
and so they would come out
of the hiding place riding on little sea horses of the red sea
wrapped in sheets of abandonment

Ay little girl!
               Ay my child!
Burry the coins of this rancid coyote
that crosses the fence
used as a rotten symbol
that runs the banks and mixes
in the cemeteries
        Stomp on them
Break the nostrils
of those saber-toothed tigers
Tasmanian tigers
cavern lions
woolly beast
megatherium
exterminators of your universe
that arrive with constrictive force
destroying your innocence

Ride your story
drag them to the center of Monte Merapi
bury them in the Nyiragongo
so their lava of more than 200 thousand degrees
disintegrate their rocky conscience

Let's go!
        Let's go!
               Let's go!

163

Hang your curls of quartz
citrine amethyst or tin
Lift them over the sunset
and turn them in on platters
filled with fresh flowers

Hang also your pink womb
over the swamp of black stars
that touch your feet
Together with their womb
offer it to the gods

Lift your dream
     Fly!
          Fly!
               Fly!

I am already here

Acerca de esta obra / About this book

Hay en este libro una poética del deseo y la denuncia que nos llega intensa y humilde como la autora misma.

There is in this book poetry of desire and denouncement that reaches the reader with intensity and humbleness like the author herself.

-Ketty Blanco Zaldívar

La poeta dominicana Vielka Solano cultiva una poesía espontánea e irreverente que parte de temas clásicos como el carpe diem y de un tono confesional cuya búsqueda transciende a un yo cívico y feminista. Vielka emplea un lenguaje claro y anti retórico, altamente sensorial, pues su poética está plagada de sabores y aromas que funcionan como metáforas para contar lo cotidiano, el sentirse viva, el deseo femenino arrebatado y libre, única salvación en un planeta desfigurado y destructor.

The Dominican poet Vielka Solano cultivates a spontaneous and irreverent poetry that ranges from the classic themes like carpe diem to those of a confessional tone whose search transcends the feminist self. Vielka employs a clear and anti-rhetoric language, highly sensorial, and her poetry is plagued with flavors and scents that function as metaphors to tell the ordinary, the feeling of feeling alive, and the rash and free female desire, which are the only salvation in a disfigured and destructive planet.

-Verónica Aranda

Vielka Solano no se aguanta nada en su poesía. Sumergida profundamente en el mundo interior y exterior, sus poemas contienen ira, sudor, sexo, furor, pasión, y amor. Todo lo de sus poemas – ya sean dolor político o el placer más profundo – vienen de un rincón de amor. La poesía de Solano sacudirá a unos con su amplia apertura a cada sensación y sorprenderá a otros con su realismo mágico. Estos poemas demandan que sus lectores se sumerjan en su imagistas y salvajes paisajes de ensueño, y que, si los lectores quieren, sean recompensados al llegar a conocer a una poeta para la cual cada parte de esta existencia debe ser experimentado profundamente, sentido profundamente, y apreciado profundamente.

Vielka Solano holds back nothing in her poetry. Deeply engaged with the both the internal and external worlds, her poems contain anger, sweat, sex, rage, passion, and love. Everything in these poems -- whether political pain or deepest pleasure -- comes from a place of love. Solano's poetry will shock some with its wide-flung openness to every sensation and will surprise others with its magical realism. These poems demand that readers immerse themselves in their imagistic, wild, over-the-top dreamscapes, and if the readers are willing, they are rewarded by getting to know a poet for whom every part of existence is to be deeply experienced, deeply felt, and deeply cherished.

- Gillian Wegener

165

Sobre la Autora

Vielka nació en febrero en un año de esos cerca de la caída del Chivo, en Santiago, República Dominicana. Estudió medicina en la Universidad Autónoma de Santo Domingo, donde se recibió de médica, además en la Universidad de California Davis después de moverse a los Estados Unidos a finales de la década de los 80.

En los años 80 estuvo muy envuelta en actividades literarias, participando en numerosas lecturas públicas junto a destacados poetas dominicanos de la época.

Sus primeras obras en la República Dominicana fueron publicadas en destacadas revistas y periódicos. Después de emigrar a los Estados Unidos y de muchos años de silencio la poeta resurgió tomando a cántaros llenos la palabra, con la publicación de *Mujer de carne y verso, Vivencia y soledad* (2011), y *De la guerra el amor* (2013), que han sido leídos en numerosos eventos y países, como en Pennsylvania, Manhattan, Bronx, New Jersey, diferentes ciudades en California donde actualmente reside. Ha participado en encuentros de poe-

sía nacionales e internaciones, en países como Cuba, Colombia, diferentes estados de México y la República Dominicana.

Sus poemas han sido publicados en algunas antologías: Antología de poetas dominicanos, Rep. Dom. (2011), Las hijas de la lluvia, Oaxaca, Mex. (2012), Descendientes del fuego, Mex. (2013), Solo para locos, N.Y. (2014), Voces de tinta, Oaxaca, Mex. (2016), al igual que en revistas y periódicos en la República Dominicana, Argentina, México, Nueva York, y California.

En *Desnuda Ofrenda* la poeta hace una ofrenda a la poesía, a sus lectores y a sus propias emociones; en él Vielka desnuda su alma, sus creencias, sus penas, alegrías y sus sueños a la vez que los presenta en ofrenda como símbolo de protesta ante un mundo desesperanzado.

Como médica, Vielka viaja por el mundo en trabajo de servicio misionero, su otra pasión. Actualmente está trabajando las condiciones para comenzar a utilizar de lleno la poesía como herramienta de cambio y tratamiento en sus pacientes.

Poeta, médica
y un tanto loca

Fotografía de Dina Brambila

166

About the Author

Vielka was born in February in a year close to the fall of the Chivo, in Santiago, Dominican Republic. She studied medicine at the Autonomous University of Santo Domingo, where she became a doctor, as well as the University of California Davis after moving to the United States at the end in the late 80s.

During that same decade, she was involved in many literary activities, participating in numerous public readings with many prominent Dominican authors of the time. Her first works in the Dominican Republic were published in prominent magazines and newspapers. After immigrating to the United States and many years of silence, the poet emerged, taking the words in breathfuls, with the publications of *Mujer de Carne y Verso*, *Vivencia y Soledad* (2011), y *De la Guerra el Amor* (2013), which have been read in numerous events and countries, such as Pennsylvania, Manhattan, the Bronx, New Jearsey, and different cities in California where she currently resides. She has partici-

pated nationally and internationally in multiple poetry conventions in countries like Cuba, Colombia, various states in Mexico, and the Dominican Republic.

Her poems have been published in some antologies: Antología de poetas dominicanos, Dominican Republic (2011), Las hijas de la lluvia, Oaxaca, Mex. (2012), Descendientes del fuego,Mex. (2013), Solo para locos, N.Y. (2014), Voces de tinta, Oaxaca, Mex. (2016), as well as newspapers and magazines in the Domincan Republic, Argentina, Mexico, New York, and California.

In *Naked Offering*, the poet makes an offering to poetry, her readers, and her own emotions; in it, Vielka strips her soul, beliefs, sorrows, joys, and dreams while presenting an offering as a symbol of protest before a hopeless world.

As a medic she travels around the world performing missionary work – her other passion. Vielka is currently working the conditios to begin to use poetry as a means of change and treatment for her patients.

Poet, doctor,
and a bit crazy

Photography by Dina Brambila

167

DESNUDA OFRENDA
NAKED OFFERING

Se terminó de imprimir en octubre de 2019 en la planta de producción
e impresión digital de *Editorial Orbis Press*. El cuidado de la edición
estuvo a cargo de la autora Vielka Solano, editora general Dra. Carmen Julia
Holguín Chaparro y del Dr. Manuel Murrieta Saldívar, director general de
Editorial Orbis Press y de la Serie Sentimiento.

Para adquirir esta obra con fines académicos, compra individual
o distribución en librerías, por favor diríjase a:

Editorial Orbis Press
P.O. Box 1273
Turlock, California 95381 U.S.A.
Tel. (602) 625-3311

editor@orbispress.com

WWW.ORBISPRESS.COM

www.ingramcontent.com/pod-product-compliance
Lightning Source LLC
Chambersburg PA
CBHW030333020726
47493CB00004B/1256